Inhalt

Einführung einer Ausbildungsabgabe

Kernthesen

Beitrag

Fallbeispiele

Weiterführende Literatur

Impressum

GENIOS WirtschaftsWissen Nr. 07/2003 vom 09.07.2003

Einführung einer Ausbildungsabgabe

M.Rinkenburger

Kernthesen

- Nach aktuellen Schätzungen fehlen derzeit zwischen 140.000 und 160.000 Ausbildungsplätze für das Ausbildungsjahr 2003. Experten befürchten, dass diese Zahl auch bis zum Jahresende nicht kleiner wird. (4), (5)
- Die Bundesregierung plant im Rahmen ihrer Reform-Agenda 2010 eine gesetzlich festgeschriebene Ausbildungsabgabe einzuführen. (1)
- Parteiübergreifend und auch bei verschiedenen Verbänden herrscht keine Einigkeit bezüglich der Erfolgsaussichten einer Ausbildungsabgabe. (2), (3), (4), (8)

Beitrag

Ziel einer Ausbildungsabgabe

In den vergangenen Monaten drohte die Bundesregierung mit einer Ausbildungsabgabe, falls sich die Unternehmen nicht dazu bereit erklären, freiwillig eine ausreichende Anzahl an Ausbildungsplätzen anzubieten. (1) Das Bildungsministerium hat den Auftrag erhalten, dem Kanzler Vorschläge für eine gesetzliche Regelung einer Ausbildungsabgabe vorzulegen.

Die Regierung will mit dieser Abgabe die Unternehmen animieren, mehr Ausbildungsplätze anzubieten. So sollen jene Firmen, die keine Lehrstellen anbieten oder nur eine geringe Anzahl zur Verfügung stellen, die z. B. unterhalb einer bestimmten Quote im Vergleich zur gesamten Belegschaft liegt, eine entsprechende Abgabe entrichten müssen. (5)

Es ist geplant, dass diese Gelder in Fonds oder Stiftungen fließen, aus denen dann entsprechende Lehrstellen finanziert werden können. Derzeit kursieren Gerüchte, nach denen Unternehmen im Rahmen einer pauschalen Umlage bis zu 5.000 Euro pro Jahr zahlen müssten (5)

Die Einführung einer entsprechenden Ausbildungsabgabe stößt bei den verschiedenen Parteien und Interessensgruppen allerdings auf unterschiedliche Resonanzen.

SPD

Bundeskanzler Gerhard Schröder hat der Bildungsministerin den Auftrag erteilt, einen entsprechenden Gesetzentwurf auszuarbeiten. Allerdings steht die SPD nicht geschlossen hinter einer Ausbildungsabgabe. Wirtschaftsminister Clement äußerte, dass eine Abgabe dieses Jahr nicht möglich und auch nicht nötig sei. Er setzt vielmehr darauf, dass die Betriebe freiwillig dafür sorgen, allen Jugendlichen einen Ausbildungsplatz anbieten zu können. (6)

Grüne

Der Parteirat der Grünen bekannte sich auf einer Sondersitzung klar zu der Einführung einer Ausbildungsumlage. (2) Allerdings favorisieren die Grünen für die Bestimmung der Abgabenhöhe ein prozentuales Modell in Abhängigkeit der Bruttolohn- und gehaltssumme eines Unternehmens.(5)

CDU/CSU

Die CDU/CSU ist gegen eine Ausbildungsabgabe. Sie wirft der Regierung vielmehr vor, dass diese sich vor dem eigentlichen Problem, dem der hohen Kosten einer Ausbildung gedrückt habe. Nach deren Meinung solle die Regierung zunächst diese Problematik lösen, denn dann würde sich auch die Ausbildungsplatzsituation wieder verbessern. (6)

Deutscher Industrie und Handelskammertag (DIHT)

Der DIHT kritisiert die geplante Ausbildungsabgabe. Es wird befürchtet, dass sich viele Unternehmen aus der Verantwortung zurückziehen und sich von der Verpflichtung freikaufen. Des weiteren wird dafür ein entsprechend großer Verwaltungsapparat benötigt, der wiederum hohe Kosten verursacht. Nach dessen Vorstellung müssen die Unternehmer motiviert und überzeugt werden, in Nachwuchskräfte zu investieren. (4)

Handwerkskammer

Sprecher der Handwerkskammer setzen keine Hoffnung in eine entsprechende Abgabe. Vielmehr beeinflusst die gegenwärtige wirtschaftliche Situation das reduzierte Angebot an Ausbildungsplätzen. (3) Das Handwerk erwartet auch für 2003 einen Umsatzrückgang um bis zu fünf Prozent und eine Reduzierung der Arbeitsplätze um ca. 300.000 auf dann nur noch gut fünf Millionen. Dieser Umstand beeinflusst auch im wesentlichen die Bereitschaft zur Ausbildung. (4), (9)

Berufsschullehrerverband

Der Verband spricht sich gegen ein Umlageverfahren aus. Er befürchtet, dass manche Betriebe das System ausnützen werden, indem sie verstärkt Ausbildungsplätze anbieten ohne auf die Qualität oder Nachfrage zu achten. Dieses Engagement würden sie sich durch Subventionen aus den entsprechenden Fonds oder Stiftungen finanzieren lassen. Dadurch besteht die Gefahr, dass die Ausbildung darunter leidet. (8)

Potentielle Probleme im Hinblick auf eine Ausbildungsplatzabgabe

-Es besteht die Gefahr, dass sich finanzstarke Firmen von ihrer Ausbildungsverpflichtung freikaufen und darauf vertrauen, dass andere Betriebe genügend Ausbildungsplätze anbieten. (4), (6)

-Wenn sich nicht mehr genug Unternehmen bereit erklären Mitarbeiter auszubilden, dann besteht die Problematik, dass das Ausbildungsplatzangebot weiter zurückgeht. Das könnte mittelfristig zu einer Verstaatlichung der Ausbildung führen. (4)

-Eine außerbetriebliche Ausbildung in speziellen Ausbildungsinstituten entfernt sich schnell von den tatsächlichen unternehmerischen Bedürfnissen. Wenn sich z. B. eine staatliche Ausbildung nicht an den tatsächlichen Bedarfen orientiert, kann dies dazu führen, dass am Ende eines Ausbildungsjahres eine Vielzahl an Auszubildenden mit den falschen Qualifikationen den Arbeitsmarkt überschwemmt. (4) Das hätte zur Folge, dass lediglich eine zeitliche Verschiebung der Arbeitsplatzproblematik stattfinden würde.

-Kleinere Unternehmen können es sich nicht jedes Jahr leisten, einen neuen Ausbildungsplatz zur Verfügung zu stellen. Wenn die Kriterien für eine Ausbildungsabgabe nicht klar definiert sind, dann werden diese Unternehmen mit einer Abgabe belastet, obwohl sie der Ausbildungsverpflichtung nachkommen. Aufgrund ihrer Größe haben Sie aber nur beschränkt die Möglichkeit Ausbildungskapazitäten anzubieten. (10)

-Eindeutige Kriterien sind auch für den Fall notwendig, dass Unternehmen Ausbildungsplätze anbieten, für diese Plätze aber keine qualifizierten Auszubildenden finden. Die Unbeweglichkeit mancher jungen Leute dazu, dass bei verschiedenen Ausbildungsberufen das Ausbildungsplatzangebot die nachfrage übersteigt. Aufgrund dieser falschen Vorstellungen, mangelnder Flexibilität oder fehlenden Motivation der Jugendlichen können diese Plätze nicht besetzt werden. (10)

Fallbeispiele

Arbeitgeberpräsident Dieter Hundt, der gegen die Einführung einer Ausbildungsplatzabgabe ist befürchtet, dass ein freikaufen von der Ausbildungsverpflichtung durch finanzstarke Unternehmen stattfinden wird. Der Arbeitgeberpräsident verweist auch auf das bereits bestehende Umlagesystem in der Baubranche. Trotz der Einführung dieses Systems ist die Zahl der Arbeitsplätze in den vergangenen 5 Jahren um 50% zurückgegangen. (6)

Die anhaltend schlechte wirtschaftliche Situation wirkt sich auch im Einzelhandel auf die Ausbildungsinvestitionen aus. Anstatt wie in den vergangen Jahren die Anzahl an Ausbildungsplätzen aufzustocken, verharren viele Unternehmen wie z. B. Tengelmann, Metro oder Edeka auf dem Vorjahresniveau. Das Einzelhandelsunternehmen Spar geht noch einen Schritt weiter und bietet dieses Jahr überhaupt keine Ausbildungsplätze mehr an. (12) In der Metro-Zentrale wird befürchtet, dass die Einführung einer Ausbildungsabgabe zu keinen weiteren Ausbildungsplätzen führen wird. Die Unternehmen werden sich stattdessen von investitions- und unterweisungsintensiven Ausbildungen zurückziehen und lieber die Abgabe akzeptieren. (12)

Am 24. Juni hat in Deutschland ein sogenannter Tag der Ausbildung stattgefunden. Die Beschäftigten von Arbeitsämtern warben an diesem Tag bei Betrieben und Verwaltungen für weitere Ausbildungsplätze, um die Differenz zwischen angebotenen Lehrstellen und Ausbildungsplatzsuchenden zumindest reduzieren zu können. 2002 sind bei der gleichen Aktion ca. 11.000 Ausbildungsplätze akquiriert worden. Vor allem Betriebe unter 50 Mitarbeitern haben beim diesjährigen Tag der Ausbildung weitere Ausbildungsplätze angeboten. (13)

Weiterführende Literatur

(1) Zwangsabgabe für die Wirtschaft entspricht Forderungen der SPD-Linken - Bildungsministerin soll Gesetzentwurf erarbeiten Schröder plant Ausbildungsplatzabgabe als Zugeständnis an Reform-Kritiker
aus Die Welt, Jg. 58, 09.05.2003, Nr. 107, S. 2

(2) Partei beschließt Leitantrag zur Reform-Agenda Grünen-Spitze legt sich auf Ausbildungsplatzabgabe fest
aus Die Welt, Jg. 58, 27.05.2003, Nr. 122, S. 2

(3) Lobbyvertreter keilen um Ausbildungsplatzabgabe, Spiegel Online, 29.04.2003
aus Die Welt, Jg. 58, 27.05.2003, Nr. 122, S. 2

(4) Mangelware Lehrstelle - statt die Firmen unter Druck zu setzten, will der DIHK werben Zwang bringt nichts

aus Berliner Morgenpost, Jg. 105, 01.06.2003, Nr. 147, S. S 1

(5) Arbeitgeber müssen bereits 2003 mit Ausbildungsabgabe rechnen Mehrere Modelle · Ausbilder-Verordnung ausgesetzt
aus FTD Financial Times Deutschland vom 22.05.2003, Seite 10

(6) Arbeitgeber warnen vor Ausbildungsabgabe Tarifpartner und Regierung wollen gemeinsam um neue Lehrstellen werben " Angebot schrumpft um 13 Prozent
aus FTD Financial Times Deutschland vom 30.04.2003, Seite 13

(7) Unternehmen, die keine Lehrstellen schaffen, sollen in einen Fonds einzahlen Neue Pläne für Ausbildungsabgabe
aus Die Welt, Jg. 58, 14.05.2003, Nr. 111, S. 2

(8) Berufsschule Verband fordert Lehrstellen statt Abgabe
aus Frankfurter Rundschau v. 28.05.2003, S.34, Ausgabe: R Region

(9) Handwerk will rund 300 000 Stellen streichen, Bonner General-Anzeiger, Bonner Stadtausgabe General Anzeiger, 23.05.2003, S. 18
aus Frankfurter Rundschau v. 28.05.2003, S.34, Ausgabe: R Region

(10) Viele Ursachen, keine Lösung
aus Darmstädter Echo, 13.05.2003

(11) Händler investieren weniger in Ausbildungsplätze
aus Lebensmittel Zeitung 22 vom 30.05.2003 Seite 006

(12) Manfred Hummel, Wirtschaft und Arbeit: Brisante Lage auf dem Lehrstellenmarkt, Stoiber spendiert Azubis 200 Euro, Süddeutsche Zeitung, Ausgabe Deutschland, 28.05.2003, S. 53
aus Lebensmittel Zeitung 22 vom 30.05.2003 Seite 006

(13) Bund kämpft gegen Lehrstellenmangel / 100000 Betriebe angeschrieben Bulmahn: Ausbildungsplatzabgabe ist letztes Mittel, Stuttgarter Zeitung, 26.06.2003, S. 1
aus Lebensmittel Zeitung 22 vom 30.05.2003 Seite 006

Impressum

Einführung einer Ausbildungsabgabe

Bibliografische Information der deutschen Nationalbibliothek

Die Deutsche Nationalbibliothek verzeichnet diese Publikation in der deutschen Nationalbibliografie; detaillierte bibliografische Daten sind im Internet über http://dnb.d-nb.de abrufbar.

ISBN: 978-3-7379-1013-2

© 2015 GBI-Genios Deutsche Wirtschaftsdatenbank GmbH, Freischützstraße 96, 81927 München, www.genios.de

Alle Rechte vorbehalten. Dieses Werk ist einschließlich aller seiner Teile – z.B. Texte, Tabellen und Grafiken - urheberrechtlich geschützt. Jede Verwertung außerhalb der Grenzen des Urheberrechtsgesetzes bedarf der vorherigen Zustimmung des Verlags. Dies gilt insbesondere auch für auszugsweise Nachdrucke, fotomechanische Vervielfältigungen (Fotokopie/Mikroskopie), Übersetzungen, Auswertungen durch Datenbanken oder ähnliche Einrichtungen und die Einspeicherung und Verarbeitung in elektronischen Systemen.